AF166425

Michael Heinen-Anders

Der Islam aus anthroposophischer Sicht

Michael Heinen-Anders

Der Islam aus anthroposophischer Sicht: Darstellung, Kritik und Alternativen

1. Auflage

Herstellung und Verlag: BoD - Books on Demand,
Norderstedt

ISBN 9783734782541

Inhaltsverzeichnis

1. Einleitung

Der Islam ist eine monotheistische Religion, die im frühen 7. Jahrhundert in Arabien durch den Propheten Mohammed gestiftet wurde. Mit ca. 1,6 Milliarden Anhängern ist sie nach dem Christentum (ca. 2,2 Milliarden Anhänger) heute die zweitgrößte Weltreligion. Während die heutige Zahl der Christen eher stagniert, und die Zugehörigkeit zum Christentum erst durch die Taufe erfolgt, wächst der Anteil der Muslime, bedingt durch hohe Geburtenpopulationen in den islamischen Regionen dieser Welt, derzeit stetig an, zumal der Muslim durch Geburt dem Glauben seiner Vorväter zugehört und nicht erst durch sein Glaubensbekenntnis. Ein Übertritt zu einer anderen Religion als dem Islam wird als Apostasie (Glaubensabweichung) in islamischen Regionen oft mit schwersten Strafen belegt, und zum Teil sogar mit dem Tode bestraft.

Konvertiten, die es gibt, treten dem Islam durch wiederholtes rezitieren des muslimischen Glaubensbekenntnisses (unter Zeugen) bei. Eine Konversion der eigenen „Gläubigen" zu anderen Glaubensrichtungen bzw. Konfessionen sieht der Islam – wie bereits ausgeführt – nicht vor, ja diese Glaubensabweichung wird mit drakonischen Strafen, oft sogar dem Tode belegt, soweit der Apostat für die muslimische Gerichtsbarkeit (Scharia) erreichbar ist.

2. Unter dem Zeichen des Halbmonds

Mit dem Islam lebte die
alte mosaische Mondenreligion Jahves sechs
Jahrhunderte nach Christus wieder auf und
erweckte damit auch wieder die Impulse
der ägyptisch-chaldäischen Kultur, aber so,
dass alles, was damals noch aus dem
altenHellsehen geschöpft wurde, nun,
aller imaginativen Bildhaftigkeit entkleidet,
ins Intellektuelle übersetzt ist. Aus dieser
Neigung zur Abstraktion hat sich auch
das Bilderverbot im Islam entwickelt, das
im Koran selbst noch nicht enthalten ist.

"In einer gewissen Weise ragt also das, was in der vorchristlichen Epoche während der althebräischen Kultur da war, auch wieder, den Christus-Impuls gleichsam überschneidend, in die nachchristliche Zeit hinein, so daß sich dasjenige, was sich in der Jahve-Weltanschauung vorbereitet hat, in einer gewissen Weise nachher wieder aufgetreten ist und, trotzdem die anderen Faktoren bestehen, dennoch in die späteren Faktoren hineinspielt. Das Wiederauftauchen der alten Jahve-Mond-Religion ist zu sehen in der Religion des Halbmondes. In dieser Weltanschauung des Mohammed ist zunächst unberücksichtigt geblieben der Christus-Impuls, daß diese Mahomed-Religion wirklich eine Art Wiederaufleben war dessen, was man im Einheitsgotte des Mosaismus finden konnte." (Rudolf Steiner, GA 124, S 171f)

3. Der Koran

Der *Koran* oder *Qur'an* [qur□ʔa□n] (القرآن *al-qur□ān*, „die Lesung, Rezitierung, Vortrag"), die heilige Schrift des Islam, soll nach dem Glauben der Muslime

dem Propheten **Mohammed** oder arab. **Muham**
mad محمد (* um 570 in Mekka; † 8.
Juni632 in Medina) 610 n. Chr. in seinem 40.
Lebensjahr durch den Erzengel Gabriel als das
authentische Wort Gottes (arab. *Allah*)offenbart
worden sein. Der Koran umfasst 6.236 Verse
(Aya,
pl. *Ayat* arabisch آية, DMG *Āya* pl. آيات, DMG *Ā*
yāt Zeichen, Vers, wovon sich auch bei
den Schiiten der Titel Ayatollah ableitet), die auf
114 stets namentlich
benannte Suren unterschiedlicher Länge verteilt
sind, von denen 113, mit Ausnahme der 9. Sure
(Koran, 9. Sure), die als Mahnung
herabgesendet wurde, mit der Basmala (بسم
الله الرحمن الرحيم *bi-smi llāhi r-rahmâni r-*
rahīm, „Im Namen Allahs, des Erbarmers, des
Barmherzigen.") beginnen. In der 27. Sure wird
diese Eröffnungsformel im 30. Vers nochmals
wiederholt, so dass auch sie insgesamt 114 Mal
im Koran aufscheint.

Der Koran ist die Hauptquelle der **Schari'a**,
eingedeutscht **Scharia** (شريعة/ *šarī□a* im

Sinne von „Weg zur Tränke", „deutlicher, gebahnter Weg"; auch: „religiöses Gesetz", „Ritus"; abgeleitet aus dem Verb *schara'a* / شرع / *šara☐a* / „den Weg weisen, vorschreiben (auch Gesetz)"), des unabänderlichen göttlichen Gesetzes, das nach islamischer Auffassung im Prinzip für *alle* Menschen gilt und dem sich auch die Nichtmuslime unterwerfen sollten. Eine weitere Quelle des islamischen Gesetzes ist die Sunna (arabisch سنة,Pl.سنن *sunan*, DMG *s unan*, „Brauch, gewohnte Handlungsweise, überlieferte Norm"), die auf den *Hadîthen* (arabisch: حديث pl. أحاديث) beruht, in denen überliefert ist, was Mohammed gesagt, getan, geduldet oder nicht geduldet hat.

4. Monotheismus

Die christliche Lehre von der Dreifaltigkeit Gottes und die Gottessohnschaft Jesu Christi und die Menschwerdung Gottes wird von den Anhängern des Islam zurückgewiesen und der

14

unverrückbare *Glaube an die Einheit **Allahs*** *(arabisch* الله, *DMG*Allāh) streng betont (tauhid) . So heißt es im Koran in der 112. Sure (Al-Ichlas, arabisch الإخلاص, DMG *al-*☐i*ḫlāṣ*, „Der Glaube ohne Vorbehalt") nach der Übersetzung von Friedrich Rückert:

Sprich: Gott ist Einer, (1)
Ein ewig reiner, (2)
hat nicht gezeugt und ihn gezeugt hat keiner, (3)
und nicht ihm gleich ist einer. (4)

5. Die fünf Säulen des Islams

Die fünf „Säulen" (arabisch اركان *arkān*) des Islams sind die Grundpflichten, die jeder gläubige Moslem in seinem Leben zu erfüllen hat.

5.1. Das Glaubensbekenntnis (Shahâda)

Die **Schahada** (arabisch الشهادة, DMG *aš-šahāda*,

aus arabisch شهد *schahida*, DMG *šahida*, „bezeugen") ist dasGlaubensbekenntnis des Islams:

Lā ilāha illa □llāh(u) لا إله إلا الله : „Es gibt keine Götter[1] außer Gott"

Muḥammadun rasūlu □llāh(i) – محمد رسول الله – Mohammed ist der Gesandte Gottes.

Die Schiiten fügen meist noch hinzu:

□Alīy walīyu □llāh(i) – علي ولي الله – Ali ist der Freund Gottes.

5.2. Das Gebet (Salāt)

Das Gebet (Salāt, صلاة), zu dem der Muezzin ruft, ist fünfmal täglich zu festgesetzten Zeiten verrichten:

bei Sonnenaufgang
zur Mittagszeit
am späten Nachmittag

bei Sonnenuntergang

nach Sonnenuntergang

5.3 Die Almosensteuer (Zakāt)

Die **Almosensteuer** (Zakāt, زكاة) variiert
zwischen 2,5 und 10 % vom Einkommen oder
Gesamtvermögen je nach Einkommensart
(Handel, Viehzucht, Ackerbau) und wird für
Kranke und Bedürftige verwendet, zum Bau der
Koranschulen, zur Befreiung Gefangener oder
auch für den Dschihad (arabisch جهاد *dschihād*,
„Anstrengung, Kampf"), der aber nicht primär
als äußerer bewaffneter Kampf gegen die
"Ungläubigen" verstanden wird, sondern der
Verbreitung der islamischen
Glaubenswahrheiten dient und vor allem auch
im mystischen Sinn als innerer Kampf gegen
die eigenen Untugenden geübt wird.

5.4. Fasten (Saum)

Das Fasten (Saum, صوم) *findet alljährlich im
Monat Ramadān statt und beginnt mit der
Morgendämmerung, wenn man einen*weißen

von einem schwarzen Faden
unterscheiden *kann* (Koran,
2. Sure, Vers 187, [2]) und dauert bis zum
vollendeten Sonnenuntergang. Während dieser
Zeit darf nichts gegessen oder getrunken
werden, auch kein Wasser. Man darf auch nicht
rauchen und muss auch im ehelichen Verkehr
enthaltsam bleiben.

5.5. Die Pilgerreise (Haddsch)

Die Pilgerfahrt (Haddsch, حج) nach Mekka soll
jeder Moslem nach Maßgabe seiner finanziellen
und gesundheitlichen Möglichkeiten einmal in
seinem Leben antreten. In Mekka hat
man siebenmal die Kaaba (arabisch الكعبة, DM
G *al-Ka□ba*, „Kubus; Würfel"), das zentrale
Heiligtum des Islams, zu umschreiten. Die
Kaaba gilt den Muslimen als das erste
Gotteshaus und soll bereits von Adam (آدم)
errichtet worden sein, wäre aber später in
Vergessenheit geraten und zur Ruine verfallen.
ErstAbraham (إبراهيم / *Ibrahîm*) habe sie nach
göttlichem Willen gemeinsam mit seinem

Sohn Ismael (إسماعيل), dem Stammvater der arabischen Völker, wiedergefunden und neu aufgebaut.

6. Der geistige Hintergrund

Während sich das Christentum bei den heidnischen Völkern und insbesondere auch bei den Germanen leicht verbreiten ließ, indem man unmittelbar an alte spirituelle Traditionen anknüpfen konnte, etwa an den Mithrasdienst oder bei den Germanen an das Fest, das dann zum christlichen Weihnachtsfest wurde, mussten, wie Rudolf Steiner betont, die semitischen Völker anders angefasst werden:

"Das tat Mohammed. Er hat einen ersten großen Lehrsatz aufgestellt, in dem er sagte: Alle Götter außer dem Einen sind keine Götter. Nur derjenige, den ich euch lehre, ist der einzige Gott. - Dieser Lehrsatz kann nur verstanden werden als Opposition zum Christentum. Von Anfang an hatte bei der Eroberung des physischen Planes das Christentum die Aufgabe, bis in die menschliche

Persönlichkeit hinein zu wirken; es baut nicht auf alte Kräfte auf, sondern es will durch Manas wirken.

Wir sehen, daß im Mohammedanismus jetzt in bewußter Weise nicht mehr angeknüpft werden soll an die alten, noch spirituellen Religionsformen des Heidentums, sondern es soll nur noch durch die physische Wissenschaft der richtige Weg gefunden werden, um den physischen Plan zu erobern. Wir sehen, wie diese physische Wissenschaft die Heilkunst ergreift, die ausging von Arabien und die sich dann später ausgebreitet hat in andere Länder. Die arabischen Ärzte gingen lediglich vom physischen Plan aus, anders als die Heiler bei den alten Ägyptern, bei den Druiden und selbst bei den alten Germanen. Alle diese waren dadurch zu ihrem Heilberuf gekommen, daß sie durch Askese und andere Übungen ihre psychischen Kräfte ausgebildet hatten. Heute noch sehen wir Ähnliches in den Praktiken und Vorgängen des Schamanismus, nur sind dieselben heute degeneriert. Also psychische Kräfte wurden bei diesen frühen Heilern ausgebildet. Mohammed führte diejenige

Heilkunst ein, welche ihre Heilmittel nur aus dem physischen Plan selbst nimmt. Diese Heilkunst wurde da ausgebildet, wo man von spirituellen Wesenheiten nichts wissen wollte, sondern nur von einem einzigen Gott. Alchimie und Astrologie im alten Sinne wurden abgeschafft und zu neuen Wissenschaften gemacht: Astronomie, Mathematik und so weiter. Diese sind später auch zu den Wissenschaften des Abendlandes geworden. In den Arabern, die nach Spanien kamen, sehen wir auf dem physischen Gebiete gebildete Männer, vor allem Mathematiker. Die wirklichen Anhänger dieser Richtung sagten: Ehrerbietig verehren wir das, was in Pflanze, Tier und so weiter lebt, aber der Mensch soll das nicht nachstümpern, was nur Gott allein zu schaffen berufen ist. - Daher finden wir in der maurischen Kunst auch nur Arabesken, Formen, die nicht einmal Pflanzenform haben, sondern die nur phantasiegestaltet sind.

Die griechische Macht ist von Rom abgelöst worden, aber die griechische Bildung ist auf die Römer übergegangen. Die Araber haben das, was sie haben, von Mohammed erhalten.

Mohammed führte die Wissenschaft ein, die nur von den Gesetzen des physischen Planes durchzogen ist. Die christlichen Mönche bekamen Anregungen von den Mauren. Zwar wurden die Mauren durch politische Macht zurückgeschlagen, aber der Monotheismus, der eine Vertiefung der physischen Wissenschaft mit sich bringt, ist durch die Mauren nach Europa gekommen und hat zu einer Reinigung des Christentums von allem Heidnischen geführt.

Durch das Christentum wurde das Gefühlsleben der Menschen bis zum Kama-Manas hingeführt. Durch den Mohammedanismus wurde der Verstand, der Geist, heruntergeführt vom spirituellem Leben zum abstrakten Auffassen der rein physischen Gesetze." (Rudolf Steiner, GA 092, S 16ff)

Mit dem Islam lebte die alte Mondenreligion Jahves sechs Jahrhunderte nach Christus wieder auf und erweckte damit auch wieder die Impulse der ägyptisch-chaldäischen Kultur, aber so, dass alles, was damals noch aus dem alten Hellsehen geschöpft wurde, nun, aller imaginativen Bildhaftigkeit entkleidet, ins Intellektuelle übersetzt ist. (Rudolf Steiner, GA 124, S 169ff) Aus dieser Neigung zur Abstraktion hat sich auch das Bilderverbot im Islam entwickelt, das im Koran selbst noch nicht enthalten ist.

Der Islam ist, nach unüberprüften Notizen, eine ahrimanische Erscheinung:

"Der Mohammedanismus ist die erste ahrimanische Manifestation, die erste ahrimanische Offenbarung nach demMysterium von Golgatha. Der Gott Mohammeds, Allah, Eloha, ist ein ahrimanischer Abklatsch oder Abglanz der elohistischen Wesenheiten, der Elohim, aber monotheistisch erfasst. Er bezeichnet sie immer in einer Einheit. Die mohammedanische Kultur ist ahrimanisch, aber die Gemütsverfassung der Islamiten ist luziferisch." (Rudolf Steiner, GA 300a, S 130) (unüberprüfte Notizen von Teilnehmern einer Fragenbeantwortung)

Die jenseitige Welt jedoch, von der Mohammed spricht und die er für das Paradies (Dschanna) hält, hat luziferischen Charakter:

"Wir müssen schon Mohammed tiefer nehmen, wir müssen uns schon klar sein, dass dasjenige, was in seiner Seele lebte, wirklich ein solcher Verkehr mit der geistigen Welt war, wie ihn Goethe für seinen Faust suchte. Aber was hat Mohammed gefühlt? Was hat er gefunden? Ich kann das heute nur andeuten, ein andermal will ich es noch genauer ausführen. Was hat Mohammed gefunden ? Nun, Sie wissen, Mohammed strebte zunächst nach einer Welt, für die er einen Ausdruck hatte: es ist nur ein Wort: der Gott. Die Welt wird zu einem Monom, zu einem monistischen Ausdruck des Gottes. Diese Welt hat nichts von dem Wesen des Christentums, selbstverständlich. Aber Mohammed schaut doch hinein in die geistige Welt, er kommt hinein in die elementare Welt, von der ich heute gesprochen habe. Er verspricht seinen Gläubigen, dass sie eintreten werden, wenn sie durch die Pforten des Todes gegangen sein werden, in diese geistige Welt. Aber er kann ihnen nur von der geistigen Welt erzählen, die er kennen gelernt hat. Was ist das für eine geistige Welt? Diese geistige Welt, von der Mohammed seinen Gläubigen erzählt, das ist die luziferische Welt, die er als das Paradies ansieht —, die Welt, die gerade erstrebt werden soll. Und wenn man aus dem Abstrakten in das Reale kommt, und man hinzufügt, interpretierend, den Sinn des Islam-Strebens in die geistige Welt hinein, erkennt man, was die Geisteswissenschaft auch verkündet. Aber diese geistige Welt ist die Welt, in der Luzifer seine Herrschaft hat; uminterpretiert wird die luziferische Welt zu dem Paradiese, zu der Welt, die gerade erstrebt werden soll von den Menschen." (Rudolf Steiner, GA 272, S 91ff)

7. Kritik

Rudolf Steiner hat sich wiederholt dezidiert kritisch über den Islam geäußert, das darf bei einer Darstellung des Islam aus anthroposophischer Sicht nicht übersehen werden. Der Islam ruht im wesentlichen auf drei Säulen: dem Koran, den Hadithen und der Scharia. Im Mittelalter prägten vor allem die

Kreuzzüge das Bild des Islam in Europa. Zweimal standen die Türken vor Wien – und aufgrund dieser vorausgegangen Dramatik, scheint sich uns der Islam wie ein Gegenpol zum Christentum auszunehmen. Vor allem, wenn man alle wesentlichen Aussagen Rudolf Steiners hierzu zusammenstellt, so ergibt sich das entsprechende Bild.

"Nach dem Christentum - das ist ganz klar für den, der die Begründung des Christentums kennt - kann eine neue Religion nicht mehr begründet werden. Man würde das Christentum unrichtig verstehen, wenn man glauben würde, daß eine neue Religion begründet werden könne." (Rudolf Steiner, GA 211: Das Sonnenmysterium und das Mysterium von Tod und Auferstehung", S. 139; vgl dazu auch: Otto Julius Hartmann, *Menschheit auf dem Wege*, Vlg Die Kommenden, Freiburg i. Br. 1960, S. 97 - 99).

Im übrigen äußert sich Steiner sehr differenziert, aber auch bestimmt über den Islam. Hier Auszüge aus einem Vortrag Steiners vor den Priestern der Christengemeinschaft zum Islam: "Da fiel sein (Johannes) prophetischer Blick auf jene Lehre, welche nun im Osten entsteht – um 666 -, und welche zurückgreift in jenes Mysterienwesen, das nichts weiß vom Sohn: die mohammedanische Lehre. Die mohammedanische Lehre kennt nicht diese Struktur der Welt, von der ich Ihnen gesprochen habe, sie kennt nicht die zwei Reiche, das Reich des Vaters und das Reich des Geistes, sie kennt nur allein den Vater. Sie kennt nur die starre Lehre: Es gibt nur einen Gott, Allah, und nichts, was neben ihm ist, und Mohammed ist sein Prophet. – Von diesem Gesichtspunkt aus ist die mohammedanische Lehre die stärkste Polarität zum Christentum, denn sie hat den Willen zum Beseitigen aller Freiheit für alle Zukunft, den Willen zum Determinismus, wie es nicht anders sein kann, wenn man die Welt nur im Sinne des Vatergottes vorstellt.Und der Apokalyptiker empfindet: Da kann der Mensch sich nicht selber finden. Da kann der Mensch nicht durchchristet werden. Da kann der Mensch nicht sein Menschentum in sich ergreifen, wenn er nur erfaßt diese ältere Lehre vom Vater.-" (Rudolf Steiner, GA 346, S. 107)."In dezidierter Weise sah der Apokalyptiker innerlich voraus, was den Menschen drohte. Das Christentum wird nach zwei Richtungen hin in ein Scheinchristentum verfallen – oder besser gesagt, es wird in ein in Nebel gehülltes Christentum hineingeraten; und das, was ihm droht als ein solches Überflutetsein, das wird bezeichnet durch das Jahr 666, das in der geistigen Welt das bedeutsame Jahr war, wo überall eintritt, was im Arabismus, im Mohammedanismus lebt. Er bezeichnet dieses Jahr 666 mit aller Deutlichkeit. Diejenigen, die apokalyptisch lesen können, die verstehen das schon. Der Apokalyptiker sah voraus, wie dasjenige wirken würde, was da hereinbricht, wenn er in dem gewaltigen Worte die Zahl 666 als die Zahl des Tieres bezeichnet." (Rudolf Steiner, GA 346, S. 108).

Darüber hinaus gibt es noch eine bezeichnende Stelle zum Islam in den Lehrerkonferenzen, wo Steiner versucht die Wesenheit Allahs zu erfassen: "Der Mohamedanismus ist die erste ahrimanische Manifestation, die erste ahrimanische Offenbarung nach dem Mysterium von Golgatha. Der Gott Mohammeds, Allah, Eloha, ist ein ahrimanischer Abglanz der elohistischen Wesenheiten, der Elohim, aber monotheistisch erfaßt. Er bezeichnet sie immer in einer Einheit.Die mohammedanische Kultur ist ahrimanisch, aber die Gemütsverfassung der Islamiten ist luziferisch."(Rudolf Steiner, GA 300a, Konferenz vom 9.6.1920, S. 130).

Es ist allerdings auch die positive Bedeutung des Islam bei der Eindämmung des negativen Gondhishapur-Impulses zu beachten, auch darauf hat Rudolf Steiner hingewiesen. So sagt Steiner aber in diesen Vorträgen auch: "Indem Mohammed eine phantastische Religionslehre verbreitete, vor allen Dingen über diejenigen Gegenden, über die man verbreiten wollte die gnostische Weisheit von Gondhishapur, nahm er sozusagen dieser gnostischen Weisheit das Feld weg." (Rudolf Steiner, GA 184: Die Polarität von Dauer und Entwicklung im Menschenleben..., S. 283).

Der Islam beruft sich über Mohammed auf eine Inspiration durch den Erzengel Gabriel. Dieser soll Mohammed den Koran diktiert haben. Eine fortwirkende Inspiration durch die Erzengel kennt der Koran allerdings nicht. Er bleibt also insoweit eine reine Buchreligion.

Entwicklungsmöglichkeiten lässt allerdings auch der Islam zu – obwohl er aufgrund einer strengen Prädestinationslehre, die zuweilen an Calvin erinnert, zum Fatalismus gegenüber der anthroposophischen Entwicklungsidee durch Reinkarnation und Karma neigt, soweit er diese überhaupt anzuerkennen mag.

Der von Rudolf Steiner sehr verehrte Johann Wolfgang von Goethe schrieb allerdings in seinem West-östlichen Diwan u.a.:

„Wofür ich Allah höchlich danke?
Dass er Leiden und Wissen getrennt.
Verzweifeln müsste jeder Kranke,
Das Übel kennend, wie der Arzt es kennt."

"Närrisch, dass jeder in seinem Falle
Seine besondere Meinung preist!

Wenn Islam Gott ergeben heißt,
In Islam leben und sterben wir alle."

Der Islam wird bei Goethe so zur
Universalreligion, was sich allerdings erst
anhand von Goethes Sufismusrezeption, die
über die mystischen Dichtungen des Islam
erfolgte, ergibt:

„Gesteht's! Die Dichter des Orients Sind größer
als wir des Okzidents. Worin wir sie aber völlig
erreichen, Dass ist im Hass auf
unsresgleichen."

Der offensichtliche Widerspruch zwischen
Steiner und Goethe an diesem Punkt lässt sich
bei einer Betrachtung der potentiellen
Entwicklungsmöglichkeiten des Islam
überwinden. So schreibt Pietro Archiati in
seinem Buch „Unterwegs zum Menschen. Die
Weltreligionen als Wege des Menschen zu sich
selbst" über den Islam: „Das heutige
Zusammenleben von Islam und Christentum
kann als positive, entwicklungsfördernde
gegenseitige Herausforderung erlebt werden.
Der Islam ist dazu da, um dem traditionellen

Christentum das eigene Versagen wie in einem Spiegel vorzuhalten. Er fordert das Christentum auf, ernst zu machen mit dem Christentum selbst. Er fordert alle auf nicht nur eine christliche Theorie zu haben, sondern auch die Lebenspraxis damit zu durchdringen. Die Herausforderung des Christentums dem Islam gegenüber ist andererseits die Herausforderung der individuellen Freiheit. Aber diese Herausforderung wird nicht wirksam durch die Theorie über die individuelle Freiheit, sondern durch die Wirklichkeit der Freiheit selbst, die sich nur in wahrhaft freien Menschen zeigen und durch sie ausstrahlen kann. (...) Dasjenige, was das vergangene Christentum heute mit dem Islam erlebt und noch viel stärker erleben wird, kommt daher, dass der Mensch des Islam sehr lange an die Pforte des Christentums gepocht hat in der unbewussten, aber realen Suche nach der Liebe. Der Islam ist bitter enttäuscht worden, weil er das Wesen der Liebe nicht gefunden hat! So können wir auch das Aggressive des Islam dem christlichen Abendland gegenüber aus der bitteren

Enttäuschung und Entbehrung erklären. Das wahre Ich dieser Menschen hat das Menschliche gesucht und es nicht gefunden dort, wo die Voraussetzungen da waren, dass es hätte vorhanden sein können. Auch der islamische Mensch sucht wie jeder Mensch das Wesen der Liebe im anderen Menschen. Und was sucht das traditionelle Christentum, herausgefordert vom Islam? Es sucht dasjenige, was es verloren hat: auch das kosmisch-göttliche Wesen der Liebe, auch den Christus. So haben die Christen und die Muslims die Suche nach dem Wesen der Liebe gemeinsam! Indem dank der Auseinandersetzung zwischen Islam und Christentum ein Bewusstsein davon entsteht, dass dasjenige, was wir alle gemeinsam haben – die Suche nach dem wahren Menschentum, die Suche nach dem Christus-Wesen -, viel tiefer und gewaltiger ist als dasjenige, was wir nicht gemeinsam haben, entsteht eine große Zukunftshoffnung der Menschheit! Es entsteht die Hoffnung, dass sowohl der Mensch im Christentum wie auch der Mensch im Islam den

Impuls immer tiefer würdigen wird, wodurch zum ersten Male nach zweitausend Jahren die reale Christus-Wesenheit wiedergefunden werden kann in der Menschheit. Wo wird Christus real wiedergefunden in der heutigen Menschheit? Ich kenne nur einen geistigen Impuls, von dem ich sagen darf: Hier wird Christus wiedergefunden, das ist die Geisteswissenschaft Rudolf Steiners! Im Westen, wo Christentum und Islam in oft tragischer Weise Karma miteinander auszutragen haben, höre ich die Stimme, die ruft: O Muslim, o Christ, sucht das Wesen der Liebe, sucht die Christus-Wesenheit dort, wo sie zu finden ist! Wo eine Wissenschaft des Geistes, wo ein Bewusstsein der Wesenhaftigkeit und der Substantialität des Geistes so real wiedergewonnen wird, dass für den Menschen, der diese Geisteswissenschaft ergreift, die reale Begegnung mit dem Wesen des Christus in seiner übersinnlichen Wiederkunft möglich wird. Das ist die Hoffnung jedes Christen, dies ist die Hoffnung jedes Muslim." (Pietro Archiati).

Dies ist das Ringen und Suchen des Sufismus, wie auch die Mahdi-Erwartung des schiitischen Islam.

Günter Röschert äußert sich dazu wie folgt: "Kein ernsthafter Religionswissenschaftler stellt die Kennzeichnung des historischen Christentums als abrahamitische Religion in Frage. Über Isaak ist das Christentum mit Abraham spirituell-geschichtlich verbunden. Abraham hatte im zweiten vorchristlichen Jahrtausend die geistige Qualität des Mondes (Jahve-Elohim, Anm.) zu vertreten. Der durch Melchisedek initiierte Erzvater bereitete das intellektuelle Denken in der Menschheit vor, aber er schaute auch das Akasha-Bild des Christus in der Sonnensphäre. Der Halbmond des Islam ist dazu bestimmt, als Schale die Gralshostie aufzunehmen, aber nicht durch Konversion, sondern in geistiger Realität."

(Günter Röschert).

Man denke in diesem Zusammenhang z.B. an die Begegnung zwischen Parzifal und seinem islamischen Halbbruder Feirefiz in Wolfram von Eschenbach's "Parzifal".

Der Islamismus, wie er heute in der islamischen Welt, aber auch in Europa und den USA auftritt soll hier nicht vertiefend beleuchtet werden. Als Aufklärungsmaterial über diese – nicht unwesentliche - Seite des Islam sind aber u.a. die Schriften von Hamed Abdel-Samad und von Boualem Sansal im Literaturverzeichnis aufgeführt, um diesen weiterführende Hinweise entnehmen zu können.

Die **Taqiyya** (<u>arabisch</u> تقية, <u>DMG</u> *taqīya*, „Furcht, Vorsicht") bezeichnet im <u>Islam</u> die Erlaubnis, bei Zwang oder Gefahr für Leib und Besitz rituelle Pflichten zu missachten und den eigenen Glauben zu verheimlichen, daher hat ein Zwang sich einem anderen Glauben unfreiwillig zu unterwerfen für einen Muslim – nach seinem Selbstverständnis – keine nachteiligen Folgen.

Anmerkungen

1.↑ Aliha آلهة / āliha /„Gottheiten, Götter" ist die Pluralform

2.↑ Aus verschiedenen, von Rudolf Steiner nicht durch gesehenen unvollständigen Nachschriften und handschriftlichen Notizen der Teilnehmer zusammengestellt und herausgegeben von Erich Gabert(+)und Hans Rudolf Niederhäuser unter redaktioneller Mitarbeit von Anton Rodi von Teilnehmern einer Fragenbeantwortung, GA 300a, S. 130

Literaturverzeichnis:

Rudolf Steiner: *Die okkulten Wahrheiten alter Mythen und Sagen*, GA 92 (1999)

Rudolf Steiner: *Exkurse in das Gebiet des Markus-Evangeliums*, GA 124 (1995)

Rudolf Steiner: *Die Polarität von Dauer und Entwicklung im Menschenleben*, GA 184

Rudolf Steiner: *Das Sonnenmysterium und das Mysterium von Tod und Auferstehung*, GA 211

Rudolf Steiner: *Geisteswissenschaftliche Erläuterungen zu Goethes «Faust»*, Band I: Faust, der strebende Mensch , GA 272(1981)

Rudolf Steiner: *Lehrerkonferenzen, Bd. I*, GA 300a

Rudolf Steiner: *Apokalypse und Priesterwirken*, GA 346

Johann Wolfgang von Goethe: *West-östlicher Diwan*

Wolfram von Eschenbach: *Parzifal*

Pietro Archiati: *Unterwegs zum Menschen. Die Weltreligionen als Wege des Menschen zu sich selbst*, ISBN 3-937078-56-8

Günter Röschert: *Für die Sache Gottes - Der Islam in anthroposophischer Sicht*, ISBN 3-929606-10-0

Rudolf Frieling: *Christentum und Islam*, Fischer TB, ISBN 3-596-25503-1

Jan Pohl (Hg.): *Die Welt des Islam. Ein Lesebuch*, Vlg. am Goetheanum, ISBN 3-7235-0548-1

Otto Julius Hartmann, *Menschheit auf dem Wege*, Vlg Die Kommenden, Freiburg i. Br. 1960, S. 97 - 99

Seyyed Hossein Nasr: *Ideal und Wirklichkeit des Islam*, ISBN 3-424-01127-4, S. 201 f.

Eric-Emmanuel Schmitt: *Monsieur Ibrahim und die Blumen des Koran*, ISBN 3-596-16117-7

Tanja Al Hariri-Wendel: *Symbole des Islam*,
Schirner Verlag, ISBN 3-930944-86-3

Malise Ruthven: *Der Islam. Eine kurze
Einführung*, Reclam TB, ISBN 3-15-018057-0

Hamed Abdel-Samad: *Der Untergang der
islamischen Welt. Eine Prognose*, Knaur TB
(2011)

Hamed Abdel-Samad: *Der islamische
Faschismus. Eine Analyse*, Droemer-Knaur,
München 2014

Ibn Warraq: *Warum ich kein Muslim bin*, Vlg.
Matthes & Seitz, Berlin 2004

Boualem Sansal: *Allahs Narren*. Wie
der Islamismus die Welt erobert, Merlin Vlg.,
Gifkendorf, 4. Auflage 2014

Flensburger Hefte Nr. 69: *Islamische
Impressionen*. Brücken zwischen Orient und
Okzident, Flensburger Hefte Vlg., Flensburg
2000

Zeitschrift *INFO 3 - Anthroposophie im Dialog* Februar 2015: Themenausgabe *Herausforderung ISLAM* (2/2015)

Autobiographische Notiz:

Michael Heinen-Anders, geb. 25.02.1960, zwei Töchter, Studien als Wirtschafts- und Sozialwissenschaftler, Diplom-Ökonom (Bergische Universität Wuppertal) 1989, lebt in Köln, dort ehemals Mitherausgeber der Handzeichen (Literaturzeitung), 1998 – 2000 wissenschaftlicher Mitarbeiter beim Amt für Stadtentwicklung und Statistik der Stadt Köln. Weitere Tätigkeiten in den Bereichen Wirtschaftsförderung, Sozialwesen und Verwaltung. Seit 1994 Mitglied der Anthroposophischen Gesellschaft, Zweig Köln. In den Jahren 1995 – 1997 Vorstandsmitglied der Elias-Initiativgemeinschaft e.V. (Flensburg). Erstveröffentlichung: „Ich und Du – Fundstücke" im De Holtes Verlag, Bruttig-Fankel, 2008. Weitere ausgewählte Veröffentlichungen: „Selbsterfüllende und selbstzerstreuende Insolvenzprognosen als Ansätze zur Erklärung krisenverschärfenden Verhaltens – Ein wirtschaftspsychologischer Beitrag zur Finanzkrise" (Selbstverlag, Köln 2009) sowie „Kapitalneutralisierung als Dreigliederungsaufgabe - Eine interdisziplinäre betriebswirtschaftliche Studie" (Selbstverlag, Köln 2009); „Späte Rehabilitation – Gedichte und Prosa" bei BOD, Norderstedt 2009.

Weitere Titel von Michael Heinen-Anders:

- Neue Gedichte - und Prosa (BOD, Norderstedt 2011)
- Kindergedichte (BOD, Norderstedt 2011)

- Licht am Morgen - Gedichte und Prosa (BOD, Norderstedt 2010)
- **Aus anthroposophischen Zusammenhängen** (BOD, Norderstedt 2010)
- **Aus anthroposophischen Zusammenhängen Band II** (BOD, Norderstedt 2013)
- DAS LITERARISCHE GESAMTWERK 1969 - 2011 (BOD, Norderstedt 2011)
- Mohammeds letzter Wille. Ausgewählte Prosa 1976 - 2013 (BOD, Norderstedt 2013)
- (als Herausgeber): *Rudolf Steiner, Ausgewählte Gebete, Meditationen und mantrische Sprüche* (BOD, Norderstedt 2012)
- **Dem Teufel auf der Spur...** (BOD, Norderstedt 2012)
- **Kapitalneutralisierung als Dreigliederungsaufgabe** (BOD, Norderstedt 2013)
- **Plädoyer für das bedingungslose Grundeinkommen** (BOD, Norderstedt 2013)
- (als Herausgeber): **Ahriman, Luzifer, Sorat und Asuras: Die Widersachermächte in der Anthroposophie** (BOD, Norderstedt 2014)
- Mein Weg nach unten (BOD, Norderstedt, 2. Aufl. 2015)